汉英逆引词典

A REVERSE
CHINESE-ENGLISH
DICTIONARY

余云霞　陆增璞　赵桂玲
黄文彦　张　维　麦秀闲 等合编

The Commercial Press

Beijing, 1993

《汉英逆引词典》编辑人员
COMPILING STAFF

编 辑 委 员　　余云霞（策划和主持者）　陆增璞（英语定稿）

　　　　　　　　　　　赵桂玲　黄文彦

MEMBERS OF THE　张　维　麦秀闲
COMPILING BOARD

汉 语 编 辑　　余云霞　赵桂玲　黄文彦　张　维
COMPILERS OF　　王正娃　刘　杰　孙印录　李宜生
　CHINESE

英 语 编 辑　　陆增璞　麦秀闲　邵佩珍
COMPILERS OF
　ENGLISH

HÀN-YĪNG NÌ YǏN CÍDIĂN

汉 英 逆 引 词 典

余云霞　陆增璞　赵桂玲
黄文彦　张　维　麦秀闲　等合编

商 务 印 书 馆 出 版
（北京王府井大街 36 号　邮政编码 100710）
新华书店总店北京发行所发行
北京第二新华印刷厂印刷
ISBN 7-100-01611-8/H·486

1986 年 5 月第 1 版　　　　开本 787×1092 1/32
1993 年 10 月北京第 2 次印刷　字数 2263 千
印数 13 100　册　　　　　　印张 44 ⅞

定价：29.50 元

目　录

Table of Contents

前　言

　　《汉英逆引词典》是一部新型工具书。它是将末尾汉字相同的汉语复合词（主要是双音节词）辑录在一起的词典。逆引词典以复合词末尾的汉字作为逆引带头字，构成一系列尾字相同的条目。每个条目都有英语对译或注释。它同以词首的汉字为带头字的普通顺序词典在编排上有所不同，其特点在于突出词的结尾。为了说明逆引词典同顺序词典的区别，兹举例对比如下：

顺序词典	逆引词典		
［程］	［程］		
程度	方程	进程	行程
程式	工程	课程	议程
程序	过程	路程	章程
［度］	［度］		
度牒	长度	能见度	气度
度量	尺度	角度	深度
度量衡	风度	宽度	态度
度曲	幅度	亮度	温度
度日	高度	密度	限度
度数	广度	难度	一度
度外	厚度	浓度	再度

　　《汉英逆引词典》的带头字和所引条目均按《汉语拼音方案》字母顺序排列；同音同调的条目以笔画数目为序排列。版面右边取齐，以突出词的结尾。本词典以收录复合词为主，同时，也把单音节词按音序排列在内，以便于读者使用。

　　本词典是一部中型语文辞书，收词约六万条，共有七千个单字头。在收词方面，《汉英逆引词典》以中国社会科学院语言研究所编纂的《现代汉语词典》(1979年版)为蓝本，并参照《辞海》、《汉英词典》(北京外国语学院编)、《汉俄词典》(上海外国语学院编)等辞书作了增补、筛选、正音和译释。《汉英逆引词典》所录条目以汉语标准语为主，其中包括书面语和口语；以现代词语为主，兼收少量常见文言词；以一般语词为主，兼收一些基本专业词汇，并从当代文学、科普著作中选录部分新出现的常用词。此外，还收录一些习用词组，但不收录成语、熟语、谚语和方言；对于专有名词，只选录一些语种、宗教、货币和节日名称等。

本词典主要供具有一定汉语水平的外国读者学习、研究汉语使用；对于国内大、中学校师生和语文工作者在写作、修辞、研究汉语词汇等方面也有一定的用处。

本词典根据词汇的语法功能给绝大多数条目注有词性，同时，将条目释义逐项译成英语，因此，它对国内读者在学习英语和从事翻译工作方面也会有所帮助。

《汉英逆引词典》除了具有普通顺序词典的一般用途外，还有其特殊的使用价值：

一、有助于研究汉语词根、后缀在结尾的构词范围、方法和规律；便于统计各类后缀（如：化、家、然、头、性、员、者、子等）在结尾出现的频率；

二、可对汉语诗韵的研究提供有益的材料；

三、与顺序词典并存，相互补充，相互为用，不仅能为研究现代汉语音韵、词汇和构词法提供更为广泛的资料，也能为确定汉语常用字、常用词以及从事机器翻译等工作提供便利条件。

据我们所知，早在五十年代国外就出现了英、法、俄、德、意等多种现代语言的倒序词典。而目前我们所编写的这部词典在国内还只是一种新的尝试。编者都是北京语言学院的副教授和讲师。从对外国学生汉语教学实践和词典编辑研究工作中我们体会到，编纂一部《汉英逆引词典》为教学和科研服务，甚为必要。由于经验不足，资料缺乏，时间仓促，又限于编写水平，缺点、错误在所难免，敬请广大读者批评指正。

在词典编写过程中，得到许多同志的热情支持和帮助。王还教授、常宝儒副研究员对词典的编写工作提出了许多宝贵意见。另外，陈亚川等同志也参加了词典的部分工作。我们在此谨表示诚挚的谢意。

编　　者

一九八二年十二月

于北京语言学院

Foreword

This is a new-type dictionary that collects together compound words having the same end-position Chinese characters. It takes the end-position Chinese character as the reverse head character. Hence the formation of a series of vocabulary entries with the same end-position Chinese character. Each entry has its English equivalent or annotation. Unlike a normal-order dictionary which takes the leading Chinese character as the head character, the major characteristic of this dictionary lies in the rendering of prominence to the ending of words. For the differences between the two, see the illustrations of comparison below.

A Normal-Order Dictionary	A Reverse Dictionary		
[程]	[程]		
程度	方程	进程	行程
程式	工程	课程	议程
程序	过程	路程	章程
[度]	[度]		
度牒	长度	能见度	气度
度量	尺度	角度	深度
度量衡	风度	宽度	态度
度曲	幅度	亮度	温度
度日	高度	密度	限度
度数	广度	难度	一度
度外	厚度	浓度	再度

The head characters and entries in this dictionary are arranged according to the alphabetical order formulated in the Scheme for the Chinese Phonetic Alphabet and the entries having the same pronunciation and tone in the order of the number of strokes. To render prominence to the ending of words, the layout of the printed sheet is evened up on the right. Besides compound words, this dictionary also collects some monosyllabic words, which are arranged according to the alphabetical order, for the readers' convenience.

This dictionary is a medium-sized one with a coverage of about 60,000 entries and 7,000 head characters. In the collection of words, this dictionary is based on the *Modern Chinese Dictionary* (1979 edition) compiled by the Linguistics Institute of the Chinese Academy of Social Sciences while supplements, selections, corrections of pronunciation and translations are provided with references from *Ci Hai* (an encyclopaedia), *A Chinese-English Dictionary* (compiled by the Beijing Foreign Languages Institute) and *A Chinese-Russian Dictionary* (compiled by the Shanghai Foreign Languages Institute). It lays emphasis on standard Chinese, including written terms and colloquial terms and majors in collecting modern words and common words while taking in a small amount of frequently-used classical Chinese terms and some basic professional terms as well. Meanwhile it does not fail to pick up newly-emerged terms from works of contemporary literature and popular science. Besides, this dictionary also collects a few habitual phrases, but idioms, proverbs, sayings and terms of local dialects are excluded. As for proper nouns, the readers will only find some names of languages, religions, money and holidays.

This dictionary is compiled majorly to meet the need of those foreign readers with a considerable command of Chinese in their study and research of the Chinese language. But that does not mean to exclude the compilors' intention to provide a tool for the Chinese readers such as college and high school teachers and students and language workers in the fields of writing, rhetoric and the study of Chinese vocabulary. Moreover, it will also be benifical to the study of English and translation as most of its entries are classified in parts of speech according to their grammatical function with the English translation for all of their listed senses.

Besides the common uses it shares with a normal-order dictionary, the dictionary we now present to the readers is noted for the following particular features.

1. It will be conducive to the study of the range, ways and rules of

word-formation of roots and suffixes of the Chinese language at the end position and to the statistics of the frequency of various suffixes (such as 化，家，然，头，性，员，者，子) at the end position.

2. It will provide useful materials for the study of rhymes of Chinese poetry.

3. Supplementing each other with the normal-order dictionary, it will provide not only on a broader scale materials for the study of phonology, vocabulary and word-formation of the Chinese language, but also convenient conditions for the determination of everyday characters and words of the Chinese language and machine translation and so on.

So far as we know, reverse dictionaries of a number of modern languages such as English, French, Russian, German, Italian and others appeared as far back as in the 1950's. This very dictionary we now present to the readers is but a new attempt in this country. The compiling staff, some associate professors and lecturers of the Beijing Languages Institute, have realized through practice in teaching Chinese to foreign students, compiling and research of dictionaries, that it is very necessary to compile *A Reverse Chinese-English Dictionary,* which will render its service to teaching and research. We sincerely welcome criticisms and corrections from the readers as there are bound to be shortcomings and mistakes due to our lack of experience and data, our being pressed for time and our limitations in proficiency.

We wish to avail ourselves of this opportunity to express our sincere thanks to Professor Wang Huan and Associate Research Person Chang Baoru for their valuable suggestions, and to Comrade Chen Yachuan and others for their support and contribution to this dictionary.

Compiling Board
December, 1982
Beijing Languages Institute

用 法 说 明

本词典包括前言、用法说明、音序查字表、笔画查字表、词典正文以及繁简体字对照表、常用量词表、象声词表、构词力强的逆引带头字表等四个附录。正文包括逆引带头字、条目、注音、词性和英语翻译或注释。

一、逆引带头字

1. 本词典以复合词结尾的汉字为逆引带头字，按汉语拼音字母顺序排列。读音相同的，按笔画数顺序排列。画数相同的，按起笔笔形一丨丿丶乛乚顺序排列。

2. 轻声带头字一般位于同形重读带头字之后，如轻声夫（丈夫 zhàngfu）立于重读夫（渔夫 yúfū）条目之后。若同形的重读带头字在一个音节里读几种不同的声调，轻声字则立于最后一个声词下面。如发(fā)、发(fà)韵同调不同，轻声带头字发（打发 dǎfa，头发 tóufa）便立于发(fà)之后。若带头字只读轻声时，则立于四声之后，如萄（葡萄 pútao）。

3. 带头字本身就是单音节词时，对该词条加以注释、翻译。若带头字本身只是一个词素，则不予注释和翻译。

4. 同形异音的带头字，分立条目，相互参见。如：度(dù)另见度(du)、度(duó)。

二、条目

1. 本词典所收条目绝大部分为复合词，另收一些习用的动宾、动补词组。条目从复合词的尾字开始按汉语拼音字母顺序从后向前排列。

　　声韵同而调不同的，按阴平（第一声）、阳平（第二声）、上声（第三声）、去声（第四声）、轻声的次序排列。声韵调相同的按汉字笔画数和笔顺一丨丿丶乛乚排列。

　　多音节词的末尾汉字相同时，按倒数第二个字音序排列，读音相同时按倒数第二个字的笔画数目和笔顺排列，余类推。

2. 词和词组同形、同音时，词在前，词组在后。如汇款(huìkuǎn)（名）在汇款(huì＝kuǎn)（动宾）之前。

3. 形同而读音不同的词,分立条目,通过注音和译文加以区别,如测度 (cèdù)(名)measure;揣度(cèduó)(动)estimate

4. 音、形相同而含义有别的词,不另立条目,通过词性和译文加以区别。如: 无常(形) variable;changeable (名) bailiff of Yama (King of Hell)

5. 音、义相同而形体不同的词,分立条目。以通行的写法为主,而在异写的词前加上"*"号。如书简、*书柬。

6. 构词中带"儿"的词,如女儿,与书写、读音必须儿化的词,如女孩儿,自成条目,分属于不同的带头字下。女儿(nǚ'ér)排在"儿"(ér)字下,"女孩儿"(nǚháir)排在带头字"孩"(hái)之下。

7. 口语里一般儿化的词,在词性后、译文前加(~儿),如果某个义项须儿化,(~儿)加在该义项译文前。

三、注音

1. 所有词条均用汉语拼音字母注音。

2. 凡词,拼音连写;大于词的,拼音分写。动宾词组在动、宾之间加"="号,如,吃亏(chī=kuī);动补词组在动补之间加"//"号,如看透(kàn// tòu)。

3. 轻声字不标调号。

4. 对于有儿化韵的字,在其基本式后面加"r",不标语音上的实际变化。

5. 在双音节或多音节词中,以 a, o, e 开头的音节连接在其他音节后面,如果音节的概念发生混淆时,用隔音号"'"隔开。如"磺胺" (huáng'àn),"名额"(míng'é)。

四、释义与翻译

1. 词的义项尽量用英语等义词翻译,如无等义词,则用英语加以注释。

2. 凡具有多种词性的条目,注释时实词在前,虚词在后。如替(动)take the place of;replace;substitute for (介) for;on behalf of

3. 凡不能自由运用,但在固定词组中有固定含义的单音字,虽标明词性,但在译文前标以"◇"。如拘 jū (动)(1)◇ restrain;restrict;constrain (2)◇ arrest;detain (3) limit

4. 只用于书面语或口语的,分别标以〈书〉、〈口〉字样,陈旧的词条标以〈旧〉,专业词汇一般不予标注略语,只有在译文出现歧义时,才分别标以〈乐〉、〈农〉、〈医〉等。另外,还注有〈谦〉、〈套〉、〈敬〉、〈婉〉、〈秽〉等,以说明其修辞特点。(参见略语对照表)

Guide to the Use of the Dictionary

This dictionary consists of the Foreword, Guide to the Use of the Dictionary, Phonetic Alphabet Index, Character Stroke Index, A Reverse Chinese-English Dictionary and four independent appendices including the Table of Simplified Chinese Characters and Their Original Complex Forms, the Table of Commonly-Used Measure Words, the Table of Onomatopes and the List of Active Reverse Head Characters.

1. The Reverse Head Characters

a. The end-position Chinese characters of compound words are listed as the reverse head characters, which are arranged according to the alphabetical order formulated in the Scheme for the Chinese Phonetic Alphabet. Those characters having the same pronunciation are listed according to the number of strokes while those having the same number of strokes according to the shape of the first stroke in the order of 一, 丨, 丿, 丶, 乛 and 乚.

b. For head characters of the same form, the light-tone head character is placed generally after the stressed one, e.g. light-tone 夫 (丈夫 zhàngfu) is placed after the stressed 夫(渔夫 yúfū). If a stressed head character has more than one tones in a syllable, the light-tone head character of the same form is placed after the last one, e.g. the head character 发 has two tones (fā) and (fà) when stressed, so the light-tone head character 发(打发 dǎfa, 头发 tóufa) is placed after 发 (fà).If a head character has only the light tone, it is then placed after the fourth tone, e.g. 萄 (葡萄 pútao).

c. When a head character is a monosyllabic word itself, its English equivalent or annotation is offered; but there is no English equivalent or annotation if it is only a morpheme.

d. Separated entries are established and cross-references provided for polyphonic head characters, e.g. 度 (dù) See 度(du), 度(duó).

2. Vocabulary Entries

a. Compound words account for the majority of the entries while some phrases of verb-object or verb-complement construction also find their place in this dictionary. The entries are listed according to the alphabetical order counted from the end-position character.

Words having the same pronunciation but different tones are arranged in the order of the high and level tone (the first tone), the rising tone (the second tone), the falling-rising tone (the third tone), the falling tone (the fourth tone) and the light tone (unstressed syllable pronounced without its original pitch). Words that are same in pronunciation and tones are listed according to the number of strokes and the shape of the first stroke in the order of 一, 丨, 丿, 丶, 乛 and ㄥ.

Polysyllabic words bearing the same end-position Chinese character are listed according to the alphabetical order and, to the number of strokes and the shape of the first stroke if having the same pronunciation of the last character but one. The same rules apply to the last character but two if their last character but one happens to be the same one. Hence the last character but three or four for the same reason.

b. In case a word shares the same form and pronunciation with a phrase, the former precedes the latter, e.g. 汇款 (huìkuǎn) (noun) is placed before 汇款 (huì=kuǎn) (verb-object construction).

c. Separate entries are established for words same in form but different in pronunciation. They are distinguished by means of phonetic notation and translation, e.g. 测度(cèdù) (名) measure, but 测度 (cèduó) (动) estimate.

d. Words bearing the same form and pronunciation but different senses (homonyms) share the same entry and are discriminated by parts of speech and translation, e.g. 无常 (形) variable; changeable (名) bailiff of Yama (King of Hell).

e. Words that are same in pronunciation and sense but different in form have separate entries with the current form as the chief one and a "*" sign before its variant form, e.g. 书简, * 书柬.

f. There are separate entries under different head characters for words having "儿" in word-formation, such as 女儿 and words with "儿" as the suffix, such as 女孩儿. 女儿 (nǚ'ér) is placed under the head character "儿"(ér) while 女孩儿(nǚháir) under the head character "孩" (hái).

g. For words with"儿" as the suffix in colloquial speech, the character (～儿) is placed between the part of speech and the English equivalent whereas for a certain sense of a word, (～儿) is put before the English equivalent of that particular sense.

3. Phonetic Notation

a. All the entries in this dictionary are marked with Chinese phonetic symbols.

b. For words, the phonetic symbols are joined together while for phrases, they are separated. In a verb-object construction, there is the symbol "=" in between the verb and the object, e.g. 吃亏 (chī＝kuī) whereas in a verb-complement construction, the symbol "//" in between the verb and the complement, e.g. 看透 (kàn//tòu).

c. Light-tone words are not marked with tone symbols.

d. For words with "儿" as the suffix, the phonetic "r" is added to their basic notation, but the factual change in their pronunciation is not demonstrated.

e. In disyllabic and polysyllabic words, if syllables beginning with a,o,e are joined to other ones and thus cause confusion, there is the symbol " ' " to separate them, e.g. 磺胺 (huáng'àn), 名额 (míng'é).

4. The English Equivalent and Annotation

a. Efforts have been made to provide an English equivalent for each sense of every entry. But in case an English equivalent is not available, its annotation in English is rendered instead.

b. In the translation of entries having various parts of speech, the sense as a notional word precedes that as a functional word, e.g. 替(动) take the place of; replace; substitute for (介) for; on behalf of.

c. Those inactive monosyllabic words with definite implications in set phrases are marked with the part of speech, but with the symbol "◇" before the English translation, e.g. 拘 jū (动) (1) ◇ restrain; restrict; constrain (2) ◇ arrest; detain (3) limit.

d. For entries and senses marked with ⟨书⟩, ⟨口⟩, ⟨旧⟩, ⟨谦⟩, ⟨套⟩, ⟨敬⟩, ⟨婉⟩ and ⟨秽⟩ please see the Table of Abbreviations. Professional terms are not marked with abbreviations except when the translation may cause misunderstanding. In the latter case, the readers will find ⟨乐⟩, ⟨农⟩, ⟨医⟩, etc. (See Table of Abbreviations).

汉语词类简称表

Table of Short Forms of Parts of Speech

（名）	míng	名　词	noun
（代）	dài	代　词	pronoun
（动）	dòng	动　词	verb
（助动）	zhùdòng	助动词	aux. verb
（形）	xíng	形容词	adjective
（数）	shù	数　词	numeral
（量）	liàng	量　词	measure word
（副）	fù	副　词	adverb
（介）	jiè	介　词	preposition
（连）	lián	连　词	conjunction
（助）	zhù	助　词	particle
（叹）	tàn	叹　词	interjection
（象声）	xiàngshēng	象声词	onomatopoeia
（头）	tóu	词　头	prefix
（尾）	wěi	词　尾	**suffix**

略语对照表　　Table of Abbreviations

拼　音	略语	译　　文	拼　音	略语	译　　文
biǎn	〈贬〉	derogatory term	shāng	〈商〉	commerce
cè	〈测〉	servey and draw-ing	shè	〈摄〉	photography
dì	〈地〉	geology	shēng	〈生〉	biochemistry;mic-roorganism; organisms
diàn	〈电〉	electricity; electri-cal engineer-ing	shēnglǐ	〈生理〉	physiology; ana-tomy
dòng	〈动〉	animal; zoology	shū	〈书〉	written language
fǎ	〈法〉	law	shù	〈数〉	mathematics
fǎng	〈纺〉	spinning and weaving; print-ing and dyeing	shuǐ	〈水〉	water conservancy
			tào	〈套〉	polite formula
gōngměi	〈工美〉	arts and crafts	tǐ	〈体〉	physical culture; sports
huà	〈化〉	chemistry; chemi-cal industry; chemical fibre	tiān	〈天〉	astronomy
			wǎn	〈婉〉	politely refuse (decline)
huì	〈秽〉	vulgar	wù	〈物〉	physics
jī	〈机〉	machinery	xīn	〈心〉	psychology
jiàn	〈建〉	architecture	yě	〈冶〉	metallurgy
jiāo	〈交〉	communication and transpor-tation; railway	yī	〈医〉	medical science; medicine
jīng	〈经〉	economy;econom-ics	yìn	〈印〉	printing
			yóu	〈邮〉	postal service; communication
jìng	〈敬〉	polite expression	yú	〈渔〉	fishery
jiù	〈旧〉	archaic	yǔháng	〈宇航〉	spaceflight; astro-navigation
jù	〈剧〉	the theatres			
jūn	〈军〉	military	yǔ	〈语〉	linguistics
kǒu	〈口〉	spoken language	yuè	〈乐〉	music
kuàng	〈矿〉	mining industry; mineral	zhé	〈哲〉	philosophy
			zhí	〈植〉	plant; botany
lín	〈林〉	forestry	zhǐ	〈纸〉	paper industry
luó	〈逻〉	logic	zhōngyào	〈中药〉	traditional Chi-nese medicinal herbs
mù	〈牧〉	animal husbandry			
nóng	〈农〉	agriculture;agron-omy	zhōngyī	〈中医〉	traditional Chi-nese medicine
qì	〈气〉	meteorology			
qiān	〈谦〉	self-depreciatory expression	zōng	〈宗〉	religion

音序查字表
Phonetic Alphabet Index

běn
本
苯

bèn
坌
奔
笨

bēng
崩
绷
嘣

běng
绷

bèng
泵
迸
绷
镚
蹦

bī
屄
逼
鳊

bí
鼻

bǐ
比
妣
彼
秕
笔
俾
鄙

bì
币
必
毕
闭
庇
贲
陛
毙
铋
秘

庳
敝
婢
荜
愊
愎
弼
跸
痹
滗
裨
辟
碧
蔽
弊
算
篦
壁
嬖
避
臂
髀
璧
襞

biān
边
边(bian)
砭
编
鳊
鞭

biǎn
贬
贬(bian)
窆
扁
匾
褊

biàn
弁
抃
忭
变
便

便(bian)
遍
缏
辨
辩
辫

biāo
标
脬
彪
膘
飙
镖
镳

biǎo
表
裱

biào
摽
鳔

biē
憋
鳖

bié
别

biě
瘪

bīn
宾
彬
傧
滨
濒

bìn
摈
殡
髌
鬓

bīng
冰
兵

bǐng
丙
秉

柄
饼
饼(bing)
炳
屏
禀

bìng
并
病
摒

bō
拨
波
哱
钵
剥
播

bó
伯
伯(bo)
驳
帛
泊
勃
钹
铂
舶
脖
博
搏
箔
魄
膊
膊(bo)
踣
薄
礴

bǒ
跛
簸

bò
柏
檗
擘

bo
卜

bū
逋

bú
醭

bǔ
卜
补
补(bu)
捕
哺
鹐

bù
不
不(bu)
布
布(bu)
步
怖
钚
部
埠
瓿
簿

cā
擦
嚓
礤

cāi
猜

cái
才
才(cai)
材
材(cai)
财
裁

cǎi
采
彩
彩(cai)
睬
踩

cài
菜
缲

cān
参
餐

cán
残
蚕
惭

cǎn
惨
黪

càn
灿
粲
璨

cāng
仓
伧
苍
沧
舱

cáng
藏

cāo
操
糙
糙(cao)

cáo
曹
嘈
漕
槽
螬

cǎo
草

cè
册
厕
侧
恻
测
策

cèi
瓶

cén
岑
涔

céng
层
曾
嶒

cèng
蹭
蹭(ceng)

chā
叉
杈
差
插
喳
喳(cha)
馇
碴
锸
嚓

chá
茬
茶
查
搽
楂
槎
碴
察
檫

chǎ
叉
衩
蹅
镲

chà
叉
汊
杈
岔
刹

杈
诧
差
姹

chāi
拆
钗
差

chái
侪
柴
柴(chai)
豺

chǎi
踹

chài
虿
瘥

chān
觇
掺
搀

chán
馋
禅
孱
缠
缠(chan)
蝉
廛
潺
巉
躔

chǎn
产
谄
铲
阐
蒇

chàn
忏
颤
羼
韂

chāng
伥
昌
猖
娼
鲳

cháng
长
场
肠
肠(chang)
尝
常
偿

chǎng
厂
场
场(chang)
昶
敞
敞(chang)
氅

chàng
怅
畅
倡
唱

chāo
抄
怊
弨
钞
绰
超
焯
剿

cháo
巢
朝
嘲
潮

chǎo
吵
炒

杪
秒

chào
耖

chē
车

chě
尺
扯
扯(che)

chè
彻
坼
掣
撤
澈

chēn
沉
抻
捵
琛
嗔
瞋

chén
臣
尘
尘(chen)
辰
辰(chen)
忱
沉
陈
宸
晨
晨(chen)
谌

chèn
衬
衬(chen)
龀
称
称(chen)
傺
趁
榇

谶

chen
伧
碜
硶

chēng
琤
称
蛏
铛
牚
撑
撑(cheng)
瞠

chéng
成
成(cheng)
丞
呈
诚
诚(cheng)
承
承(cheng)
城
乘
盛
程
惩
酲
澄
橙

chěng
逞
骋

chèng
秤
牚

chī
吃
哧
哧(chi)
蚩
絺
眵

笞
瓻
搋
嗤
痴
媸

chí
池
弛
驰
迟
坻
持
持(chi)
匙
墀
墀

chǐ
尺
呎
齿
侈
耻
豉
褫

chì
叱
斥
赤
饬
炽
翅
敕
啻
傺

chōng
冲
充
忡
艟
舂
憧
艟

chóng

虫
虫(chong)
重
崇

chǒng
宠

chòng
冲
铳

chōu
抽
搊
绸
瘳

chóu
仇
俦
帱
绸
畴
酬
酬(chou)
稠
愁
筹
裯
雠

chǒu
丑
瞅

chòu
臭

chū
出
初
樗

chú
刍
除
厨
锄
蛤
雏
篨

橱
蹰
躕

chǔ
处
杵
础
楮
储
楚
楚(chu)

chù
亍
处
处(chu)
怵
绌
畜
搐
触
憷
黜
矗

chuā
欻

chuāi
揣
搋

chuǎi
揣

chuài
膪
闯
揣
膪
踹

chuān
川
氚
穿

chuán
传
船
遄

chuǎn

舛
喘

chuàn
串
钏

chuāng
创
疮
窗

chuáng
床
幢

chuǎng
闯

chuàng
创
怆

chuī
吹
炊

chuí
垂
陲
捶
棰
椎
槌
槌(chui)
锤
箠

chūn
春
椿
蝽

chún
纯
唇
淳
鹑
醇

chǔn
蠢

chuō
戳

chuò
娖
啜
惙
绰
绰(chuo)
辍
龊

cī
刺
呲
差
庛
跐

cí
词
茨
祠
瓷
辞
慈
磁
雌
鹚

cǐ
此
跐

cì
次
刺
赐

cōng
匆
囱
苁
葱
璁
聪

cóng
从
丛
淙

còu
凑

辏

cū
粗

cù
促
猝
蔟
酢
醋
簇
蹙
蹴

cuān
汆
镩
蹿

cuán
攒

cuàn
窜
篡
爨

cuī
衰
催
摧
獛

cuì
脆
萃
啐
悴
淬
瘁
颣
粹
翠

cūn
村
皴

cún
存

cǔn
忖

cùn
寸
寸(cun)
吋

cuō
搓
撮
磋
撮

cuǒ
脞

cuò
挫
厝
措
锉
错

dā
叮
耷
哒
哒(da)
搭
搭(da)
嗒
嗒(da)
答
腪
瘩
瘩(da)

dá
打
达
达(da)
沓
怛
笪
答
答(da)

dǎ
打
打(da)

dà
大

da	担	祷	澄	蒂	吊
垯	担(dan)	蹈	磴	棣	钓
达	诞		瞪	睇	调
峇	萏	**dào**	瞪(deng)	缔	调(diao)
跶	**dàn**	到	镫	碲	掉
dāi	啖	到(dao)	蹬	踶	锦
呆	惮	帱	蹬(deng)	**diān**	铫
待	淡	倒	**dī**	嵮	**diē**
dǎi	弹	盗	低	掂	爹
歹	蛋	悼	羝	傎	爹(die)
逮	氮	道	堤	颠	踮
dài	瘅	道(dao)	滴	巅	跌
代	澹	稻	摘	癫	**dié**
甙	**dāng**	**dao**	镝	**diǎn**	迭
迨	当	叨	**dào**	典	垤
绐	荡	**dē**	叨	点	昳
殆	啴	嗗	**dí**	点(dian)	瓞
带	珰	**dé**	迪	碘	谍
贷	铛	得	籴	踮	堞
待	铛(dang)	得(de)	荻	**diàn**	揲
怠	裆	锝	敌	电	耋
怠(dai)	**dǎng**	德	涤	佃	喋
袋	挡	**de**	笛	甸	牒
袋(dai)	党	地	觌	坫	叠
逮	谠	的	嫡	店	碟
埭	**dàng**	底	镝	垫	蝶
戴	当	**dēi**	**dǐ**	钿	蹀
黛	当(dang)	嗗	氐	恬	鲽
dān	宕	**děi**	邸	淀	**dīng**
丹	挡	得	诋	奠	丁
丹(dan)	荡	**dèn**	抵	殿	丁(ding)
担	荡(dang)	扽	底	靛	仃
单	档	**dēng**	柢	癜	叮
眈	菪	灯	砥	**diāo**	盯
耽	**dāo**	登	骶	刁	钉
殚	刀	登(deng)	**dì**	叼	疔
dǎn	刀(dao)	噔	地	凋	酊
胆	氘	澄	地(di)	貂	靪
疸	**dáo**	蹬	弟	雕	**dǐng**
掸	捯	**děng**	弟(di)	鲷	顶
dàn	**dǎo**	等	的	**diǎo**	酊
石	导	戥	帝	屌	鼎
且	岛	**dèng**	递	**diào**	**dìng**
但	捣	凳	娣		订
	倒	嶝	第		
			谛		

钉	逗	**duàn**	褦	锷	翻
钉	读	段	**duó**	颚	**fán**
定	脰	断	夺	蝷	凡
啶	痘	断(duan)	度	鳄	矾
铤	窦	缎	铎	**ēn**	钒
碇	**dū**	椴	踱	恩	烦
锭	卥	煅	**duǒ**	蒽	烦(fan)
diū	都	锻	朵	**èn**	樊
丢	阇	簖	朵(duo)	摁	燔
铥	督	**duī**	垛	**ér**	繁
dōng	督(du)	堆	哚	儿	蹯
东	嘟	**duì**	躲	而	**fǎn**
冬	嘟(du)	队	**duò**	洏	反
咚	**dú**	对	剁	**ěr**	返
氡	毒	兑	垛	尔	**fàn**
洞	独	兑(dui)	舵	耳	犯
鸫	读	莳	堕	迩	饭
dǒng	渎	怼	惰	饵	泛
董	椟	碓	跥	珥	泛(fan)
懂	犊	**dūn**	**ē**	铒	范
dòng	牍	吨	阿	**èr**	贩
动	黩	惇	疴	二	梵
动(dong)	**dǔ**	敦	**é**	弍	**fāng**
冻	肚	墩	讹	贰	方
栋	笃	礅	哦	**fā**	方(fang)
峒	堵	蹲	峨	发	坊
胨	赌	蹲	娥	**fá**	芳
恫	睹	**dǔn**	锇	乏	枋
洞	**dù**	盹	鹅	伐	钫
胴	芏	趸	蛾	罚	**fáng**
硐	杜	**dùn**	额	垡	防
dōu	肚	囤	**è**	阀	防(fang)
都	肚(du)	沌	厄	筏	坊
兜	妒	炖	扼	**fǎ**	坊(fang)
兜(dou)	妒(du)	钝	苊	法	妨
篼	度	盾	轭	法(fa)	肪
dǒu	度(du)	顿	垩	**fà**	房
斗	渡	遁	恶	发	房(fang)
抖	镀	**duō**	饿	发(fa)	鲂
陡	蠹	多	尊	**fān**	**fǎng**
蚪	**duān**	咄	遏	帆	仿
dòu	端	剟	愕	番	访
斗	**duǎn**	掇	腭	幡	纺
豆	短	掇(duo)	鹗	藩	

昉	雰	佛	蜉	赙	秆
舫	fén	fǒu	鲋	覆	赶
fàng	坟	缶	福	馥	敢
放	棼	否	蝠	fu	感
fēi	焚	fū	fǔ	咐	撖
飞	濆	夫	父	袱	鳡
妃	fěn	夫(fu)	抚	gā	gàn
非	粉	伕	甫	嘎	干
菲	fèn	肤	甫(fu)	gá	干(gan)
啡	分	麸	拊	轧	旰
扉	分(fen)	趺	斧	gǎ	绀
霏	份	跗	府	嘎	骭
鲱	份(fen)	稃	俯	嘎(ga)	gāng
féi	奋	孵	釜	gà	冈
肥	忿	敷	辅	尬	扛
腓	偾	馥	脯	ga	刚
fěi	愤	fú	脐	杂	杠
匪	粪	弗	腐	该	肛
诽	瀵	伏	腐(fu)	垓	纲
菲	fēng	伏(fu)	fù	赅	枫
悱	丰	凫	父	gǎi	矼
斐	风	扶	父(fu)	改	釭
榧	风(feng)	芾	讣	gài	钢
篚	沨	佛	付	丐	缸
fèi	枫	孚	付(fu)	钙	罡
芾	封	拂	负	盖	gǎng
吠	砜	服	负(fu)	盖(gai)	岗
狒	疯	怫	妇	溉	港
肺	峰	绂	妇(fu)	概	gàng
废	烽	绋	附	gān	杠
沸	锋	氟	阜	干	钢
费	蜂	俘	服	甘	gāo
费(fei)	féng	洑	服(fu)	玕	皋
镄	逢	荸	赴	杆	高
痱	缝	蚨	复	肝	羔
fēn	fěng	浮	复(fu)	苷	榚
分	讽	蕻	洑	泔	睾
芬	fèng	桴	副	柑	膏
吩	凤	符	赋	竿	篙
纷	奉	匐	傅	酐	糕
玢	俸	幅	傅(fu)	疳	gǎo
氛	缝	幅(fu)	富	杆	杲
酚	缝(feng)	翠	腹	gǎn	搞
	fó	辐	缚		槁

杲	铬	躬	罛	瓜(gua)	涫
镐	**gěi**	鹅	菰	呱	鹳
稿	给	觥	菰(gu)	刮	鹳
gào	**gēn**	**gǒng**	菇	胍	罐
告	根	㧬	菇(gu)	栝	**guāng**
告(gao)	根(gen)	拱	辜	绹	光
诰	跟	珙	酤	剐	咣
锆	跟(gen)	栱	觚	**guǎ**	胱
膏	**gén**	**gòng**	箍	剐	**guǎng**
gē	哏	共	**gǔ**	寡	广
戈	**gèn**	贡	古	**guà**	**guàng**
格	亘	供	谷	卦	桄
哥	艮	**gōu**	汩	诖	逛
哥(ge)	茛	勾	诂	挂	**guī**
鸽	**gēng**	沟	股	褂	归
搁	更	钩	股(gu)	**gua**	圭
割	庚	缑	骨	鸹	龟
歌	耕	篝	牯	乖	规
歌(ge)	鹒	**gǒu**	贾	掴	闺
gé	羹	苟	罟	**guǎi**	硅
革	**gěng**	狗	钴	拐	傀
阁	埂	枸	羖	**guài**	瑰
阁	耿	**gòu**	蛊	怪	瑰(gui)
格	哽	构	鹘	**guān**	鲑
搁	绠	购	鼓	关	璝
搁(ge)	梗	诟	鼓(gu)	关(guan)	**guǐ**
葛	鲠	垢	毂	观	宄
蛤	**gèng**	够	穀	官	轨
颌	更	遘	臌	冠	庋
隔	垣	彀	瞽	莞	诡
嗝	**gōng**	媾	**gù**	倌	鬼
膈	工	觏	固	棺	晷
骼	弓	**gū**	故	瘝	**guì**
镉	公	估	故(gu)	鳏	柜
gě	公(gong)	估(gu)	顾	**guǎn**	刽
个	功	苽	梏	馆	贵
合	红	咕	雇	管	贵(gui)
舸	攻	咕(gu)	锢	鳤	桂
葛	供	呱	痼	**guàn**	跪
gè	肱	沽	鲴	观	**gǔn**
个	宫	孤	**guā**	贯	衮
个(ge)	恭	姑	瓜	冠	绲
各	蚣	姑(gu)		惯	辊
硌		鸪			

		hāo	颌	hm	候
滚磙	害	好	貉	噷	候(hou)
gǔn	害(hai)	蒿	阖	hng	鲎
棍	嗐	薅	翮	哼	hū
guō	hān	háo	hè	哼	乎
过	顸	号	吓	轰	乎(hu)
旷	犴	蚝	和	哄	戏
埚	蚶	毫	和(he)	訇	虎
郭	酣	嗥	贺	烘	呼
聒	憨	豪	荷	hóng	呼(hu)
锅	鼾	壕	荷(he)	弘	忽
锅(guo)	hán	嚎	喝	红	忽(hu)
guó	含	hǎo	喝(he)	吰	烀
国	函	好	赫	闳	惚
帼	焓	hào	褐	宏	糊
膕	涵	号	鹤	泓	hú
guǒ	寒	号(hao)	翯	虹	和
果	hǎn	好	壑	洪	狐
椁	罕	昊	hēi	竑	弧
裹	罕(han)	耗	黑	鸿	胡
裹(guo)	喊	耗(hao)	嘿	蕻	胡(hu)
guò	hàn	浩	hén	hǒng	壶
过	汉	皓	痕	哄	核
过(guo)	扞	颢	hěn	hòng	斛
guo	汗	hē	狠	讧	鹄
蝈	旱	呵	很	哄	湖
hā	捍	喝	hèn	哄(hong)	湖
哈	悍	嗬	恨	蕻	湖(hu)
哈(ha)	焊	hé	hēng	hōu	猢
铪	颔	禾	亨	齁	湖
hāi	撼	合	哼	hóu	鹕
咳	翰	合(he)	脝	侯	槲
hái	憾	何	héng	喉	糊
还	翰	和	行	猴	縠
孩	hāng	劾	恒	瘊	醐
骸	夯	河	珩	篌	hǔ
hǎi	háng	曷	鸻	糇	虎
胲	行	阖	横	hǒu	虎(hu)
海	吭	盍	衡	吼	浒
醢	衔	荷	蘅	hòu	唬
hài	航	核	hèng	后	唬(hu)
亥	颃	龁	横	厚	hù
骇	hàng	盒		厚(hou)	互
氦	沆	涸		逅	
	巷				

户	踝	晃	回	溷	乩
户(hu)	**huài**	慌	徊	**huō**	肌
沍	坏	煌	洄	秳	矶
护	**huān**	**huáng**	**huǐ**	劐	鸡
怙	欢	皇	虺	嚄	奇
戽	欢(huan)	黄	悔	豁	迹
祜	貛	凰	悔(hui)	攉	勣
笏	**huán**	隍	毁	**huó**	唧
瓠	还	遑	**huì**	和	唧(ji)
戽	环	徨	卉	活	积
糊	桓	煌	汇	活(huo)	屐
糊(hu)	貆	锽	会	**huǒ**	姬
縠	锾	潢	会(hui)	火	基
鹱	圜	璜	讳	火(huo)	绩
huā	寰	蝗	讳(hui)	伙	期
化	嬛	篁	荟	伙(huo)	赍
花	缳	磺	哕	钬	缉
花(hua)	鹮	镤	海	夥	畸
砉	貛	蟥	绘	**huò**	跻
哗	貛(huan)	簧	恚	或	锖
huá	**huǎn**	鳇	贿	和	箕
划	缓	**huǎng**	烩	和(huo)	箕(ji)
华	**huàn**	恍	晦	货	稽
哗	幻	怳	秽	获	齑
铧	奂	晃	惠	祸	畿
猾	宦	谎	喙	惑	墼
滑	换	幌	殨	惑(huo)	激
滑(hua)	换(huan)	**huàng**	慧	霍	羁
鹘	唤	晃	蕙	豁	**jí**
huà	唤(huan)	晃(huang)	**hūn**	镬	及
化	涣	**huī**	昏	藿	吉
化(hua)	浣	灰	荤	嚯	岌
划	患	诙	惛	蠖	汲
划(hua)	焕	挥	阍	**jī**	级
画	逭	咴	婚	几	赆
画(hua)	痪	恢	**hún**	讥	即
话	漶	晖	浑	击	佶
话(hua)	皖	辉	珲	叽	亟
桦	擐	翚	魂	饥	革
蘳	轘	麾	**hùn**	玑	笈
huái	**huāng**	徽	诨	吉	急
怀	肓	隳	圂	圾	疾
徊	荒	**huí**	混	芨	疾(ji)
槐	荒(huang)		混(hun)	机	

脊 棘 瘠 蒺 集 楫 辑 嫉 瘠 藉 蹐 籍

jǐ
几 己 已(ji) 挤 济 给 脊(ji) 掎 戟 麂 痔

jì
计 计(ji) 记 记(ji) 伎 纪 技 系 忌 际 妓 季 剂 垍 哜 洎 济 茋

觊 继 祭 悸 寄 寂 蓟 霁 跽 稘 漈 塈 稷 鲫 暨 耆(ji) 冀 穄 齑 鲚 骥

jiā
加 夹 茄 佳 枷 浃 痂 家 家(jia) 笳 葭 嘉 镓 麚

jiá
夹 荚 恝 戛 铗 颊

jiǎ
甲 甲(jia) 岬 胛 钾 假 瘕

jià
价 驾 架 假 嫁 稼 稼(jia)

jiān
戋 尖 奸 歼 坚 间 浅 肩 艰 监 兼 菅 笺 渐 犍 湔 缄 搛 煎 缣 鲣 鹣 鳒

jiǎn
拣 茧
柬 俭 捡 笕 检 趼 减 剪 硷 睑 裥 简 谫 戬 碱 蹇 謇

jiàn
见 件 间 钱 建 荐 贱 牮 剑 监 健 舰 涧 渐 谏 楗 践 践(jian) 键 腱 溅 鉴 键 槛 僭 箭

jiāng
江 将 姜 浆 僵 缰 鳉 礓 疆

jiǎng
讲 奖 桨 耩

jiàng
匠 匠(jiang) 降 虹 将 洚 绛 强 酱 糨

jiāo
艽 交 郊 茭 浇 骄 娇 胶 教 椒 蛟 焦 蕉

礁

jiáo
嚼

jiǎo
角 角(jiao) 佼 狡 饺 铰 矫 皎 脚 脚(jiao) 搅 湫 剿 徼 缴 敫

jiào
叫 峤 觉 狡 校 轿 较 教 教(jiao) 窖 酵 噍 徼 醮 嚼

jiē
阶 疖 皆 结 接 秸

揭
嘁
嗟
街

jié
孑
节
讦
劫
杰
诘
洁
结
结(jie)
捷
蜡
偈
睫
蚴
截
碣
竭

jiě
姐
姐(jie)
解

jiè
介
戒
芥
玠
届
界
疥
诫
蚧
借
解
藉

jie
价
家

jīn
巾

巾(jīn)
斤
斤(jīn)
今
金
津
衿
矜
筋
筋(jīn)
禁
襟

jǐn
仅
尽
卺
紧
堇
锦
谨
馑
瑾
槿

jìn
仅
尽
进
近
劲
晋
赆
浸
搢
靳
禁
缙
觐
殣

jīng
茎
京
经
荆

菁
菁(jīng)
猄
惊
晶
腈
鹃
睛
晴(jīng)
粳
兢
精
精(jīng)
鲸
麠
鼱

jǐng
井
阱
刭
肼
颈
景
憬
警

jìng
劲
径
净
净(jīng)
弪
经
经(jīng)
胫
竟
竞
靓
敬
靖
静
静(jīng)
境
镜

jiōng
坰
扃

jiǒng
迥
炯
窘

jiū
纠
鸠
究
究(jiu)
赳
阄
揪
啾
鬏

jiǔ
九
久
玖
灸
韭
酒

jiù
旧
臼
咎
疚
柩
柏
救
厩
就
就(jiu)
舅
舅(jiu)
僦
鹫

jū
车
且
拘
苴

狙
居
驹
疽
掬
据
趄
锔
裾
鞠
鞫
局
菊
锔
踘
橘

jǔ
弆
咀
沮
矩
矩(ju)
举
举(ju)
榉
踽

jù
巨
句
讵
拒
苣
具
具(ju)
炬
钜
俱
倨
剧
据
距
俱
锯

锯
聚
窭
踞
遽
醵

juān
捐
涓
娟
圈
朘
鹃
镌
蠲

juǎn
卷
锩

juàn
卷
狷
隽
倦
桊
绢
圈
眷

juē
撅
噘

jué
孓
决
诀
抉
角
珏
觉
绝
掘
桷
崛
觖
厥

剧	铠	靠	**kēng**	**kuǎ**	盔
谲	皑	靠(kao)	坑	垮	窥
蕨	慨	**kē**	吭	**kuà**	**kuí**
瘚	楷	苛	硁	挎	逵
橛	**kài**	珂	铿	胯	揆
噱	忾	柯	**kōng**	跨	葵
爵	欬	科	空	**kuǎi**	喹
蹶	**kān**	钶	孔	蒯	睽
夔	刊	疴	恐	**kuài**	魁
嚼	看	棵	**kòng**	会	睽
攫	勘	稞	空	块	**kuǐ**
juè	龛	窠	空(kong)	快	跬
倔	堪	颗	控	快(kuai)	**kuì**
军	戡	瞌	**kōu**	侩	匮
均	**kǎn**	磕	抠	哙	蒉
君	坎	髁	眍	狯	喟
钧	侃	**ké**	**kǒu**	浍	馈
菌	砍	壳	口	脍	愦
jùn	莰	咳	口(kou)	筷	愧
俊	槛	颏	**kòu**	**kuān**	溃
郡	**kàn**	**kě**	叩	宽	聩
捃	看	可	扣	**kuǎn**	篑
峻	瞰	坷	寇	款	**kūn**
浚	**kāng**	渴	筘	**kuāng**	坤
骏	康	**kè**	蔻	匡	昆
菌	槺	克	**kū**	诓	裈
竣	糠	刻	砒	哐	琨
kā	糠(kang)	恪	刳	框	鲲
咔	鳙	客	枯	筐	**kǔn**
喀	**káng**	客(ke)	哭	**kuáng**	捆
搚	扛	课	堀	狂	悃
kǎ	**kàng**	氪	窟	诳	阃
卡	亢	嗑	**kǔ**	**kuàng**	壸
咯	抗	锞	苦	圹	**kùn**
胩	炕	溘	苦(ku)	纩	困
kāi	钪	**kēi**	**kù**	旷	**kuò**
开	**kǎo**	剋	库	况	扩
揩	考	**kěn**	绔	矿	括
铜	拷	肯	袴	贶	阔
kǎi	烤	垦	裤	框	廓
凯	**kào**	恳	酷	框(kuang)	**lā**
垲	铸	啃	**kuā**	眶	拉
恺	稿	**kèn**	夸	**kuī**	啦
		裉		亏	啦(la)

喇	谰	痨	儡	**lǐ**	砺
喇(la)	澜	醪	**lèi**	礼	砾
辣	篮	**lǎo**	肋	李	猁
lá	斓	老	泪	李(li)	蛎
剌	镧	老(lao)	类	里	笠
拉	**lǎn**	佬	累	里(li)	枥
lǎ	览	栳	酹	俚	粒
拉	揽	铑	擂	逦	疠
拉(la)	揽(lan)	笔	**lei**	哩	跞
là	缆	**lào**	嘞	澧	詈
剌	榄	烙	**lēng**	娌	痢
落	罱	涝	棱	理	**li**
腊	漤	落	嘚	理(li)	莉
蜡	壈	耢	**léng**	锂	璃
辣	懒	酪	棱	鲤	藜
鬎	**làn**	**lao**	棱(leng)	醴	蔾
鑞	烂	姥	楞	鳢	**liǎ**
la	滥	唠	楞(leng)	**lì**	俩
蓝	**lāng**	**lè**	**lěng**	力	**lián**
瘌	郎	苈	冷	历	奁
鞡	啷	乐	**lèng**	历(li)	连
lái	**láng**	勒	愣	厉	怜
来	郎	鳓	**lí**	立	帘
莱	狼	**le**	厘	吏	莲
徕	琅	了	狸	苈	涟
棶	廊	餎	狸(li)	丽	联
铼	榔	**lēi**	离	励	裢
lài	榔(lang)	勒	骊	呖	廉
徕	螂	擂	梨	利	鲢
赉	螂(lang)	**léi**	犁	利(li)	臁
睐	**lǎng**	累	犁(li)	沥	镰
赖	朗	雷	鹂	枥	蠊
濑	朗(lang)	擂	喱	例	**liǎn**
癞	**làng**	檑	犂	疠	敛
籁	郎	礌	蓠	戾	脸
lán	埌	镭	蜊	隶	琏
兰	浪	羸	漓	荔	**liàn**
岚	**lāo**	嫘	藜	栎	练
拦	捞	纍	黎	轹	炼
栏	**láo**	**léi**	鲡	俪	恋
栏(lan)	劳	诔	罹	俐	殓
婪	劳(lao)	垒	篱	疬	链
阑	牢	累	篱(li)	苙	楝
蓝	铹	蕾	蠡	栗	**liáng**

良	燎	廪	liū	拢	鲈
莨	liào	檩	溜	拢(long)	lǔ
凉	了	lìn	熘	垄	芦
梁	料	吝	liú	笼	芦(lu)
梁(liang)	料(liao)	赁	浏	笼(long)	卤
椋	撂	淋	留	long	房
量	镣	蔺	流	lōu	掳
粮	liē	膦	硫	搂	鲁
椋	咧	躏	馏	lóu	橹
梁(liang)	liě	līng	旒	娄	镥
liǎng	咧	凌	骝	偻	lù
两	liè	零	榴	蒌	陆
俩	列	líng	榴(liu)	楼	录
啢	劣	○	鹠	楼(lou)	赂
蛎	冽	伶	瘤	耧	鹿
魉	洌	伶(ling)	鎏	蝼	禄
liàng	埒	灵	liǔ	髅	碌
亮	烈	灵(ling)	柳	lǒu	碌(lu)
亮(liang)	捩	苓	绺	搂	路
凉	猎	冷	liù	篓	路(lu)
悢	裂	玲	六	lòu	箓
谅	躐	瓴	陆	陋	漉
辆	蠲	铃	馏	镂	辘
量	蠫	鸰	遛	瘘	辘(lu)
量(liang)	līn	凌	溜	漏	戮
晾	淋	陵	溜(liu)	露	録
踉	lín	聆	鹨	露(lou)	璐
liāo	邻	菱	lōng	lou	簏
撩	林	棂	隆	喽	鹭
liáo	临	蛉	lóng	lū	麓
辽	啉	翎	龙	漉	露
疗	淋	羚	茏	噜	lu
聊	琳	绫	咙	噜(lu)	垆
僚	郴	零	珑	lú	氇
寥	嶙	龄	栊	芦	lú
撩	霖	鲮	昽	庐	驴
嫽	辚	líng	胧	垆	闾
缭	磷	令	砻	炉	榈
燎	瞵	岭	眬	舻	lǔ
鹩	鳞	领	聋	胪	吕
liǎo	麟	lìng	笼	颅	侣
了	lǐn	另	隆	鲈	捋
钌	凛	令	癃		旅
蓼		呤	lǒng		铝

稆	论	麻	镘	玫	蒙
偻	**luō**	麻(ma)	**māng**	枚	**méng**
缕	罗	**mǎ**	牤	眉	氓
缕(lǚ)	捋	马	**máng**	莓	虻
膂	落	犸	芒	梅	萌
褛	**luó**	码	忙	胭	蒙
履	罗	蚂	盲	湄	盟
lù	罗(luo)	**mà**	氓	糜	甍
律	倮	骂	茫	楣	瞢
虑	萝	**ma**	铓	煤	幪
率	逻	嘛	**mǎng**	酶	濛
绿	脶	蟆	莽	镅	檬
氯	锣	**mái**	漭	鹛	朦
滤	椤	埋	蟒	霉	鹲
luán	箩	霾	**māo**	糜	曚
峦	箩(luo)	**mǎi**	猫	**měi**	**měng**
孪	骡	买	**máo**	每	勐
娈	螺	**mài**	毛	美	猛
栾	**luǒ**	劢	毛(mao)	浼	蜢
挛	裸	迈	矛	镁	艋
鸾	蠃	麦	茅	**mèi**	獴
脔	**luò**	卖	锚	妹	蠓
圆	荦	卖(mai)	髦	妹(mei)	**mèng**
銮	咯	脉	蝥	昧	梦
luǎn	络	**mán**	蟊	袂	**mī**
卵	珞	蛮	**mǎo**	谜	咪
luàn	烙	谩	卯	寐	眯
乱	落	瞒	铆	媚	**mí**
lüè	落(luo)	鞔	**mào**	魅	弥
掠	踩	鳗	茂	**mēn**	迷
略	摞	**mǎn**	冒	闷	谜
lūn	**ḿ**	满	贸	**mén**	醚
抡	呣	螨	耄	门	糜
lún	**m̀**	**màn**	袤	门(men)	縻
仑	呣	曼	帽	扪	靡
伦	**mā**	漫	瑁	钔	蘼
抡	妈	墁	貌	**mèn**	醾
囵	妈(ma)	蔓	瞀	闷	**mǐ**
沦	抹	幔	懋	闷(men)	米
纶	麻	慢	**me**	焖	米(mi)
轮	**má**	漫	么	懑	芈
lùn	吗	嫚	末	**men**	弭
	吗(ma)	缦	没	们	脒
	lùn	熳	**méi**	**mēng**	敉

pī　丕 批 纰 坯 披 狉 砒 铍 劈

pí　皮 皮(pí) 毗 铍 疲 脾 鲏 蚍 罴

pǐ　匹 庀 否 痞 劈 擗 癖

pì　屁 辟 僻 甓 譬

piān　片 偏 篇 翩

pián　便 骈

piàn　片 骗

piāo　剽 慓 漂 飘 嫖 瓢 藨

piáo　莩 漂 缥 瞟

piǎo　莩 漂 缥 瞟 票 嘌 骠

piào　票 嘌 骠

piē　氕 撇 瞥 撇

piě　撇

pīn　拼 姘

pín　贫 频 嫔 蠙 颦

pǐn　品 牝

pìn　牝 聘

pīng　乒 俜

píng　平 评 坪 凭 枰 屏 瓶 萍 鲆

pō　钋 坡 泊 泼 泺 颇 酦

pó　婆 婆(pó) 鄱

pǒ　叵 钷

pò　朴 迫 珀 破 粕 魄

po　桲

pōu　剖

póu　抔 掊 裒

pǒu　掊

pū　仆 扑 铺 噗 潽

pú　仆 脯 蒲 璞 镤

pǔ　朴 圃 浦 普 谱 镨 蹼

pù　铺 铺(pù) 瀑 曝

qī　七 沏 妻 柒 栖 桤 凄 萋 戚 戚(qī) 期 欺 欹 缉 漆 械 嘁

qí　齐 圻 芪 其 奇 歧 祈 祇 耆 颀 脐 畦 骑 琪 蛴 綦 蜞 旗 蕲 鳍 荠

qǐ　乞 岂 企 杞 启 起 绮

qì　气 气(qì) 讫 迄 弃 汽 泣 亟 契 砌 跂 葺 碛 憩

qi　荠 蹊

qiā　掐 葜

qiá　拤

qiǎ　卡

qià　恰 洽

qiān　千 仟 阡 扦 芊 迁 钎 牵 铅 悭 谦 签 愆 鹐 褰 攐

qián　钤 前 前(qián) 虔 钱 钱(qián) 钳 乾 潜 黔

qiǎn　浅 遣

栓	蛳	送	簌	睃	臺
shuàn	缌	送(song)	suān	嗦	鲐
涮	厮	诵	酸	羧	薹
shuāng	罳	颂	suàn	缩	tài
双	锶	sōu	蒜	suǒ	太
霜	澌	搜	算	所	太(tai)
孀	撕	搜(sou)	算(suan)	索	汰
shuǎng	嘶	嗖	suī	索(suo)	态
爽	sǐ	馊	尿	琐	肽
shuí	死	廋	虽	锁	钛
谁	sì	溲	眭	suo	泰
shuǐ	巳	飕	睢	嗦	酞
水	四	螋	suí	tā	tān
水(shui)	寺	艘	绥	他	坍
shuì	似	sǒu	随	它	贪
说	兕	叟	suǐ	她	摊
税	伺	擞	髓	铊	滩
睡	祀	薮	suì	塌	瘫
shǔn	饲	sòu	岁	塌(ta)	tán
吮	泗	嗽	祟	遢	坛
shùn	驷	嗽(sou)	遂	tǎ	谈
顺	俟	sū	碎	塔	弹
瞬	食	苏	碎(sui)	獭	弹(tan)
shuō	涘	酥	燧	鳎	覃
说	笥	窣	穗	tà	痰
shuò	肆	sú	邃	拓	潭
妁	嗣	俗	荽	沓	檀
烁	sì	sù	sūn	挞	tǎn
铄	厕	夙	孙	闼	忐
朔	sōng	诉	狲	汰	坦
硕	忪	诉(su)	飧	榻	坦(tan)
搠	松	肃	sǔn	踏	钽
数	松(song)	素	损	踏(ta)	祖
sī	淞	速	笋	蹋	毯
司	嵩	悚	隼	tāi	tàn
司(si)	sóng	宿	榫	苔	叹
丝	厹	粟	suō	胎	炭
私	sǒng	谡	唆	tái	探
咝	怂	嗉	唆(suo)	台	碳
思	耸	愫	娑	台(tai)	tāng
思(si)	悚	塑	梭	抬	汤
鸶	竦	溯	挲	苔	汤(tang)
偲	sòng	蔌		骀	堂
斯	讼	觫			耥
					嘡

趟	陶	**tǐ**	鲦	梃	**tú**
羰	啕	体		**tōng**	图
镗	淘	**tì**	挑	彤	荼
蹚	鼗	屉	挑(tiao)	恫	徒
táng	**tǎo**	屉(ti)	宨	通	途
唐	讨	剃	**tiào**	**tóng**	涂
唐(tang)	**tào**	悌	眺	同	涂(tu)
堂	套	涕	粜	彤	屠
堂(tang)	蜀	绨	跳	侗	**tǔ**
棠	**tao**	惕	**tiē**	桐	土
塘	萄	替	帖	铜	吐
搪	**tè**	睫	贴	童	钍
溏	忑	**tiān**	萜	酮	**tù**
樘	忒	天	**tiě**	瞳	吐
膛	特	添	帖	瞳	兔
镗	铽	**tián**	铁	**tǒng**	堍
糖	慝	田	铁(tie)	侗	**tuān**
醣	**tēng**	佃	**tiè**	统	湍
螳	腾	恬	帖	捅	**tuán**
tǎng	熥	甜	餮	桶	团
帑	蠢	填	**tīng**	筒	抟
倘	**téng**	阗	厅	筒(tong)	**tuī**
淌	疼	**tiǎn**	汀	**tòng**	推
傥	腾	忝	听	同	**tuí**
镋	腾(teng)	殄	听(ting)	同(tong)	颓
躺	誊	悿	烃	恸	**tuǐ**
tàng	藤	腆	**tíng**	通	腿
烫	滕	觍	廷	通(tong)	腿(tui)
烫(tang)	**tī**	舔	莛	痛	**tuì**
趟	剔	**tiàn**	亭	**tōu**	退
趟(tang)	剔(ti)	掭	庭	偷	蜕
tāo	梯	**tiāo**	停	**tóu**	煺
叨	锑	佻	停(ting)	头	褪
涛	踢	挑	蜓	头(tou)	**tūn**
绦	鹏	祧	婷	投	吞
掏	**tí**	**tiáo**	霆	**tòu**	噉
滔	黄	条	**tǐng**	透	**tún**
韬	绨	条(tiao)	町	**tǔ**	屯
饕	提	迢	铤	凸	囤
táo	啼	调	挺	秃	豚
咷	睼	韶	梃	秃(tu)	魨
逃	缇	髫	铤	突	臀
桃	题		艇	突(tu)	**tùn**
桃(tao)	蹄		**tìng**	葖	褪
	鳀				